Tropical Rainforests (Karen (Sgaw)-English)
Text copyright © 2023 Anita McCormick
Illustration copyright © 2023 Lu Jia Liao
This dual language edition copyright © 2023 Language Lizard

Published by Language Lizard
Basking Ridge, NJ 07920
info@LanguageLizard.com

Visit us at www.LanguageLizard.com

LCCN: 2022918152 (English)

ISBN: 978-1-63685-488-5 (Print)

တၢ်ကီၢ်လီၢ်ကဝီၤတၢ်စုၤ သ့ၣ်ပှၢ်တဖၣ်

Tropical Rainforests

(ကညီ(စှီၤ)- - အဲကလံး)
(Karen (Sgaw) - English)

By Anita McCormick
Illustrated by Lu Jia Liao
Translated by Saw Simon

Language Lizard
Basking Ridge

တၢ်ကိၢ်လီၢ်ကဝီၤတၢ်စူၤသ့ၣ်
ပှၢ် တဖၣ်မ့ၢ်ဝဲသ့ၣ်ပှၢ်လၢ
အိၣ်ပှဲၤတံၢ်ဒီးလၢၤ လၢအန့ၢ်
ဘၣ် တၢ် စူၤ အါ မး နၣ် လီၤ.
အဝဲသ့ၣ်ကျၢၢ်ဘၢဝဲ ဟီၣ်ခိၣ်
အမဲာ်ဖံးခိၣ် 6% ဃၣ်ဃၣ်
ဒီးမ့ၢ်ဝဲ သ့ၣ်ထူၣ်သ့ၣ်မုၢ်ဒီး
ဆၣ်ဖိကီၢ်ဖိစၢၤသွဲၣ်ဒူၣ်ထၢ
တဖၣ် လၢဟီၣ်ခိၣ်တဖၣ် အ
အိၣ်ဆိးလီၢ်နၣ်လီၤ.

Tropical rainforests are dense, warm forests that receive lots of rain. They cover around 6% of the Earth's surface and are home to over half the plant and animal species on Earth.

တၢ်ကိၢ်လီၢ်ကဝီၤတၢ်စူၤ
သ့ဉ်ပှၢ်တဖဉ်နီ့ဉ် အိဉ်
ဘူးဒီးအိဉ်ကွံာ်တၢ်နီ့ဉ်
လီၤ. တၢ်ယုထံဉ်အီၤသ့
လၢ အၤဖြံကၤ, ကလံၤ
ထံးမုၢ်ထီဉ်အ့ရှ့ဉ်, အီး
စတြွေလံယၤ,
အမဲရကၤဟီဉ်
ခၢဉ်သး, ဒီးက
လံၤထံးအမဲရ
ကၤနီ့ဉ်လီၤ.
Tropical
rainforests are
located near the
equator. They
can be found in
Africa, Southeast
Asia, Australia,
Central America,
and South
America.

4

တနံၣ်တနံၣ်နှၣ် ဒီးနုၢ်ဘၣ်တၢ်စူၤအါနှၢ် 203 စဲထံၣ်မံထၢၣ်
ဒီး တၢ်အံၤမ့ၢ်ဝဲတၢ်စူၤအါကတၢၢ်လၢဟီၣ်ခိၣ်နှၣ်လီၤ. အတၢ်
ကိၢ်တၢ်ခုၣ်နှၣ် ထီဘိအိၣ်လၢ 21 ဒီး 30 ဒံၣ်ကရံၣ်ဆဲ(လ)စံ
ယၢး(စ)အပူၤနှၣ်လီၤ.

Over 203 centimeters of rain falls in tropical
rainforests each year, making them the
rainiest places on Earth. The temperature
usually stays between 21 and 30 degrees
Celsius.

တၢ.အူးကီးပသူဖိတဖၣ် အိၣ်မူၤလၢတၢ်ကိၢ်လီၢ်ကဝီၤတၢ်စူၤသ့ၣ်ပှၢ် အသ့ၣ်ထူၣ်တဖၣ်အပူၤလီၤ. တၢ်ကီးပသူဖးဒိၣ်တဖၣ်လၢအဝဲသ့ၣ်စူးကါ ဒ်သီးကဆဲးကျိးလိာ်သးနၢ့ၣ် ပှၤနၢ်ဟူ့အီၤသ့လၢ 4 ကံၣ်လိၣ်မံထၢၣ်အယံၤသ့နၢ့ၣ်လီၤ.

8

Howler monkeys spend their lives in tropical rainforest trees. The loud howls they use to communicate can be heard over 4 kilometers away!

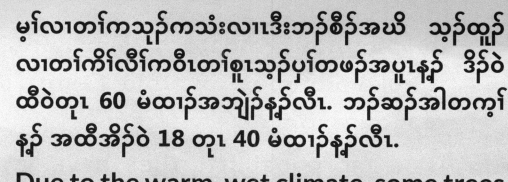

မ့ၢ်လၢတၢ်ကသုၣ်ကသံးလၢၤဒီးဘၣ်စီၣ်အဃိ သ့ၣ်ထူၣ်လၢတၢ်ကိၢ်လီၢ်ကဝီၤတၢ်စူၤသ့ၣ်ပှၢ်တဖၣ်အပူၤန့ၣ် ဒိၣ်ဝဲထီဝဲတုၤ 60 မံထၢၣ်အဘျဲၣ်န့ၣ်လီၤ. ဘၣ်ဆၣ်အါတက့ၢ်န့ၣ် အထီအိၣ်ဝဲ 18 တုၤ 40 မံထၢၣ်န့ၣ်လီၤ.

Due to the warm, wet climate, some trees in the tropical rainforest grow to over 60 meters tall. However, most are 18 to 40 meters tall.

မိဖိၣ်စီးကပူၤလၢအဲးတဖၣ်နူၣ် အိၣ်ဒီးအဒံးဆူလၢ အ
လွဲၢ်လၢအဲးဖးလဲၢ်တဖၣ် လၢအလဲၢ်ဝဲ 13 တု၊ 20 စဲ
ထံၣ်မံထၢၣ်နူၣ်လီၤ.

Blue morpho butterflies have large
bright blue wings that span from 13 to
20 centimeters across.

13

ထွဲၣ်မံၤဘျါလၤအယူၤတဖၣ်နှၣ် အိၣ်ဆိးဝဲလၤ တၢ်ကိၢ်လီၢ်က
ဝီၤတၢ်စူၤသ့ၣ်ပှၢ်တဖၣ်အပူၤ ဒီးအိၣ်တၤသူတၤသၣ်, ကနဲစီဒီး
ဖိတဖၣ်လီၤ. ဖဲတၢ်ကိၢ်ဆူၣ်ထိၣ်အခါ အဝဲသ့ၣ်ဘျးလီၤအသး
ဆဲခိၣ်လီၤလာ်လၤသ့ၣ်ထူၣ်တဖၣ် ဒီးတပျၤ်အဒံးဆ့တဖၣ် ဒ်
သိးကမၤခုၣ်လီၤအီၤအဂိၢ်နှၣ်လီၤ.

Flying fox bats live in tropical rainforests, eating fruit, nectar, and flowers. When the weather is very hot, they hang upside down in the trees and flap their wings to keep cool.

ခီဖျိုလၢ၊ တၢ်စုၣ်စိၣ်အါမး အယိ တၢ်အမုၢ်တနီၤ လၢတၢ်သ့ၣ်
ညါအီၤဒ် ကလံၤအမုၢ်တဖၣ်နှၣ် ဒိၣ်ထီၣ်သ့လၢတၢ်ကိၢ်လီၢ်က
ဝီၤတၢ်စူၤသ့ၣ်ပှၢ်တဖၣ်အပူၤ ပူၤဖျဲးဒီးဟီၣ်ခိၣ်ည ၣ်နှၣ်လီၤ.

Because of the high humidity, some plants, known as air plants, can grow in the tropical rainforest without soil.

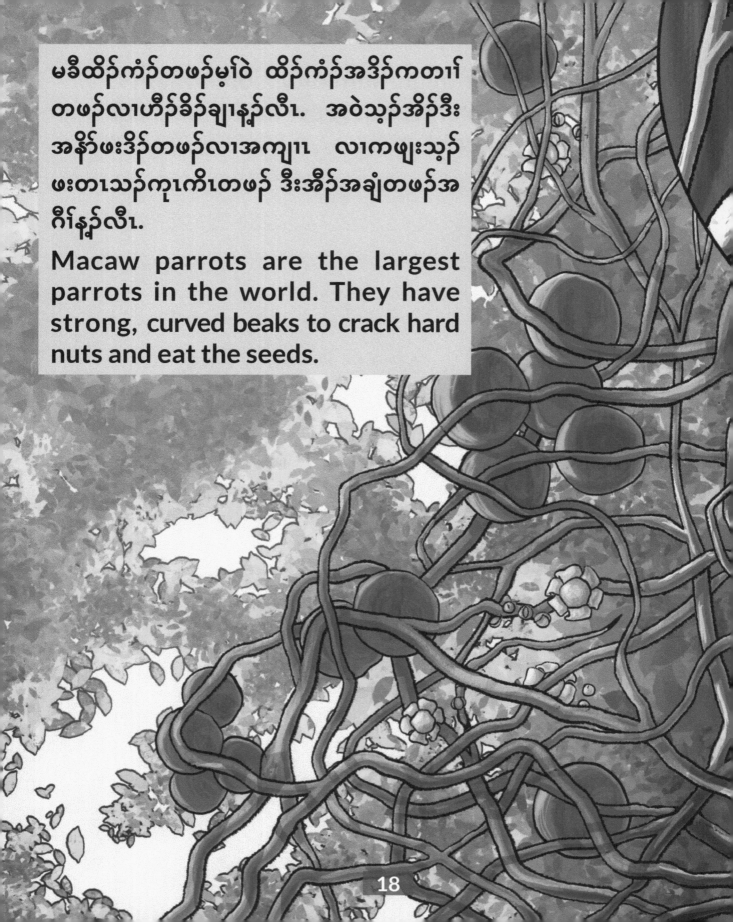

မခီထိၣ်ကံၣ်တဖၣ်မ့ၢ်ဝဲ ထိၣ်ကံၣ်အဒိၣ်ကတၢၢ်
တဖၣ်လၢဟီၣ်ခိၣ်ချုၣ်လီၤ. အဝဲသ့ၣ်အိၣ်ဒီး
အနိၣ်ဖးဒိၣ်တဖၣ်လၢအကျူၤ လၢကဖျုးသ့ၣ်
ဖးတၤသၣ်ကူၤကိၤတဖၣ် ဒီးအီၣ်အချံတဖၣ်အ
ဂီၢ်နီၣ်လီၤ.

Macaw parrots are the largest
parrots in the world. They have
strong, curved beaks to crack hard
nuts and eat the seeds.

18

စးထိၣ်လ၊ 1960 နံၣ်တဖၣ်နူၣ် တၢ်ကိၢ်လီၢ်ကဝီၤတၢ်စူၤသ့ၣ်ပှၢ်တဖၣ်အ ကျါတဝာ်နူၣ် ဘၣ်တၢ်မၤဟးဂီၤတ့ၢ်လံအီၤနူၣ်လီၤ. အခဲအံၤ ပှၤကူၣ်သ့စဲ အ့ၣ်တဖၣ် ဂုာ်ကျဲးစၢးယုကျဲလ၊ ကမၤကတၢၢ်ကွံာ် တၢ်မၤဟးဂီၤအံၤဒီး မၤဂ့ၤထီၣ်ကွ့ၤတၢ်စူၤသ့ၣ်ပှၢ်တဖၣ်အဂီၢ်နူၣ်လီၤ.

Since the 1960s, over half of the tropical rainforests in the world have been destroyed. Scientists are working on ways to help stop this destruction and allow damaged rainforests to recover.

Learn more at **www.LanguageLizard.com/Habitats** or scan the QR code for additional material including:

- More information about tropical rainforests
- A detailed lesson plan and teacher resources
- English audio